Aufwandsschätzung in Data Science Projekten

Janik Tinz

Bibliografische Information der Deutschen Nationalbibliothek:

Die Deutsche Nationalbibliothek verzeichnet diese Publikation in der Deutschen Nationalbibliografie; detaillierte bibliografische Daten sind im Internet über http://dnb.d-nb.de abrufbar.

ISBN: 9783346461636
Dieses Buch ist auch als E-Book erhältlich.

© GRIN Publishing GmbH
Nymphenburger Straße 86
80636 München

Druck und Bindung: Books on Demand GmbH, Norderstedt Germany
Gedruckt auf säurefreiem Papier aus verantwortungsvollen Quellen

Das vorliegende Werk wurde sorgfältig erarbeitet. Dennoch übernehmen Autoren und Verlag für die Richtigkeit von Angaben, Hinweisen, Links und Ratschlägen sowie eventuelle Druckfehler keine Haftung.

Das Buch bei GRIN: https://www.grin.com/document/1041312

Hochschule Darmstadt

– Fachbereich Informatik –

Aufwandsschätzung in Data Science Projekten

Studienarbeit

im Modul Projektmanagement und Kommunikation

im Studiengang zum

Master of Science (M.Sc.) - Data Science

von

Janik Tinz

ZUSAMMENFASSUNG

Die Aufwandsschätzung hat einen großen Einfluss auf den Projekterfolg von IT-Projekten. Im Bereich Data Science scheitern laut mehreren Studien ca. 85%[1] aller Projekte. Im Vergleich zu IT-Projekten liegen Data Science Projekten komplexere Fragestellungen zu Grunde. In dieser Arbeit werden Methoden zur Schätzung aus der IT-Welt vorgestellt und hinsichtlich ihres Einsatzzwecks in Data Science Projekten analysiert. Die Analyse wird anhand eines typischen Data Science Projekts unter Verwendung des CRISP-DM Modells durchgeführt. Anschließend werden die Unterschiede zwischen IT-Projekten und Data Science Projekten basierend auf eigenen Erfahrungen diskutiert.

Im Ergebnis hat sich gezeigt, dass bei der Aufwandsschätzung von Data Science Projekten Erfahrungen aus vorherigen Projekten ein eine zentrale Rolle spielen. Außerdem ist eine Potenzialanalyse wichtig, um den Aufwand des Projekts gezielter einschätzen zu können.

---

[1] https://designingforanalytics.com/resources/failure-rates-for-analytics-bi-iot-and-big-data-projects-85-yikes/ (Zugegriffen am 03.02.2021)

INHALTSVERZEICHNIS

ABBILDUNGSVERZEICHNIS

1

EINFÜHRUNG

Bevor ein Projekt in der IT-Welt beginnen kann, muss eine Analyse der Wirtschaftlichkeit des Vorhabens durchgeführt werden. In diesem Zusammenhang spielt vor allem das Kosten-Nutzen-Verhältnis eine zentrale Rolle. IT-Projekte können in die drei Kategorien Projektausführung durch interne Mitarbeiter, Projektausführung durch externe Mitarbeiter sowie Projektausführung durch eine Mischung von internen und externen Mitarbeitern eingeteilt werden. Interne Projekte werden nach Aufwand bezahlt. Externe Projekte können nach Aufwand oder nach Festpreis bezahlt werden. Bei gemischten Projekten werden Teilaufgaben intern und extern bearbeitet. (vgl. [Sne18])

Aus kaufmännischer Sicht gibt es die drei Projektarten Dienstverträge, Werkverträge und Mischverträge. Die Dienstverträge werden bei Projekten mit Kosten nach Aufwand angewendet. Bei Werkverträgen sind die Kosten fix vereinbart. Die Mischverträge sind eine Kombination aus Dienst- und Werkvertrag. Hierbei werden die Kosten nach Aufwand sowie nach Festpreis bestimmt. (vgl. [Sne18])

Aus technischer Sichtweise gibt es mehrere Projekttypen. Ein Produkt kann neu entwickelt, weiterentwickelt, migriert, modernisiert, getestet oder integriert werden. Diese unterschiedlichen Projekttypen müssen bezüglich des Aufwands auch unterschiedlich geschätzt werden. (vgl. [Sne18])

Der erste Zweck einer Aufwandsschätzung ist die Kostenermittlung. Hierbei spielt der Projekttyp zunächst keine Rolle. Die Aufwandsschätzung liefert also die Eingabe für die Wirtschaftlichkeitsanalyse. Zur Kostenermittlung ist es allerdings notwendig, dass das Produkt ausführlich spezifiziert ist. An dieser Stelle tritt ein Risiko auf, da man schon vor der Entwicklung eine Analyse des Produkts durchführen muss. Bei Festpreisprojekten ist die Kostenermittlung sehr wichtig, deshalb ist der zweite Zweck einer Aufwandsabschätzung das Sammeln von Daten. Der potentielle Auftragsnehmer muss bei der Aufwandsschätzung von Festpreisprojekten sehr gründlich sein, um ein finanzielles Fiasko zu verhindern. In diesem Kontext sind erfahrene Schätzer und erfahrene Experten sehr wichtig. Ein weiterer Zweck der Aufwandsschätzung ist die Projektlaufzeit. Sie ist ein kritischer Faktor, da ein Produkt bei Verzögerungen möglicherweise an Wert verliert. Außerdem stellt die Bedarfsermittlung von Ressourcen einen zentralen Zweck für die Aufwandsschätzung dar. Hierbei ist das Personal die zentrale Ressource, um zu wissen wie viel Personal für ein Projekt notwendig ist. Der letzte Zweck der Aufwandsabschätzung ist die Kontrolle des Projektfortschritts, wobei es möglich sein sollte, den tatsächlichen mit dem geplanten Aufwand zu vergleichen. (vgl. [Sne18])

Hieraus ergeben sich folgende Forschungsfragen:

- (RQ1) Welche Methoden bieten sich für die Aufwandsschätzung in Data Science Projekten an?

- (RQ2) Wie können diese Methoden die Schätzung von Projekten im Data Science Bereich unterstützen?

Das Ziel der Aufwandsschätzung sind drei unverzichtbare Planungswerte. Diese Planungswerte sind Projektlaufzeit, Ressourcenbedarf und der Aufwand.

GRUNDLAGEN

2

2.1 EINFLUSSFAKTOREN AUF DEN PROJEKTAUFWAND

Es gibt einige Einflüsse, welche den Projektaufwand und die Projektlaufzeit beeinflussen können. Aus diesem Grund sollte man sich zunächst mit den Einflussfaktoren beschäftigen. In diesem Abschnitt wird sich auf die fünf Faktoren Projekttyp, Projektarbeitsbedingungen, Projektwerkzeuge, Projektprozess und Personal beschränkt. Jeder Projekttyp erfordert ein anderes Vorgehen bei der Aufwandsabschätzung. Die Arbeitsbedingungen haben einen Einfluss auf die Projektproduktivität. Projektwerkzeuge können die Projektproduktivität ungemein steigern, da automatisierte Tätigkeiten billiger, effizienter und zuverlässiger sind. Ein definierter Projektprozess ist wichtig, um dem Projektfortschritt zu messen und eine Möglichkeit der Steuerung zu haben. Der wichtigste Einflussfaktor in einem Projekt sind natürlich die Menschen, die für die Ausführung des Projekts zuständig sind. In diesem Zusammenhang ist es wichtig, dass die Schätzer Mitarbeiterprofile von dem Projektteam haben, damit das optimale Projektteam zusammengestellt werden kann. Schätzmethoden, die den Faktor Mensch berücksichtigen sind zuverlässiger. (vgl. [Sne18])

2.2 MESSUNG DER PROJEKTPRODUKTIVITÄT

Die Voraussetzung für eine Aufwandsschätzung ist die Produktivität des Personals. Es spielt also zunächst keine Rolle welche Schätzmethode verwendet wird, sondern die Produktivität der Mitarbeiter, die das Projekt ausführen sollen. Ohne eine Produktivitätsmessung kann der Projektaufwand nicht geschätzt werden, deshalb ist dieses Thema von zentraler Bedeutung für die Aufwandsschätzung. Es gibt unterschiedliche Projekttypen, deshalb muss auch es auch unterschiedliche Produktivitätsmaße geben. Aus diesem Grund muss jedes Unternehmen für jeden Projekttyp die Produktivität messen. Nun kann die gemessene Größe der Produktivität und der Aufwand mithilfe eines Scatterplots in Zusammenhang gebracht werden. In Abbildung 2.1 wurde beispielsweise die Projektlaufzeit (x-Achse) und die Größe der Produktivität (y-Achse) in Beziehung gesetzt. [Sne18]

2.3 SCHÄTZMETHODEN

In diesem Abschnitt werden ausgewählte Schätzmethoden vorgestellt.

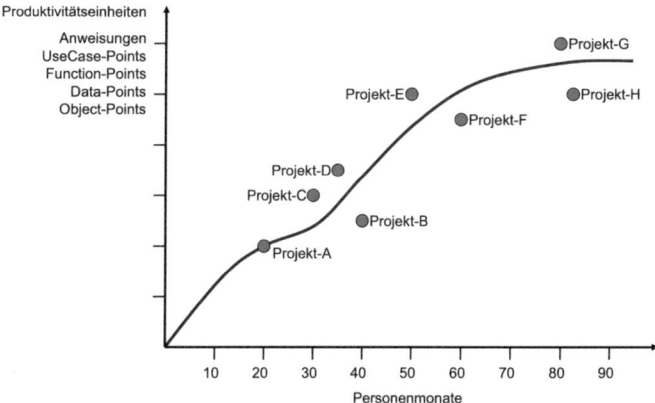

Abbildung 2.1: Produktivitätsmessung [Sne18]

2.3.0.1 Codezeilen und Codeanweisungen

Diese Art der Aufwandsschätzung geht auf Barry Boehm zurück, der ein Modell auf Basis von Codeanweisungen entwickelt hat. Boehm hat das COCO-MO-Modell entwickelt, bei welchem es um das Verhältnis zwischen Codemasse und Arbeitsaufwand ging. Die Messung der Codemasse nach Anweisungen hat den Nachteil, dass man bei einer Neu-Entwicklung noch nicht wissen kann, wie viele Code-Anweisungen notwendig sind. Auf diese Schätzmethode wird nicht genauer eingegangen, da sie in der Analyse (siehe Abschnitt 3) nicht mehr verwendet wird. [Sne18]

2.3.1 Function-Points

Zeitlich lässt sich die Function-Point-Methode in die 1970er Jahre einordnen. Bei dieser Methode wird ein Funktionsmodell vorausgesetzt. Ein Funktionsmodell ist ein Modell des geplanten IT-Systems, aus welchem die Vorgänge, Datenbanken, Systemschnittstellen und Datenflüsse hervorgehen. Ein solches Modell liegt allerdings erst nach dem Systementwurf vor, wodurch der Aufwand vor der eigentlichen Programmierung schon sehr hoch ist. Historisch gesehen gibt es keine eindeutige Zählweise bei Function-Points. [Sne18]

2.3.2 Data Points

In den 1980er Jahren rückten die betrieblichen Datenbanken in den Fokus der IT-Aktivitäten der Unternehmen. In diesem Zusammenhang werden Data-Points zur Aufwandsschätzung einer Datenmodell-Erstellung verwendet. Zur Erstellung eines Datenmodell wird zunächst ein Entity/Relationship-Diagramm erstellt. Auf Basis dieses Diagramms findet schließlich die Schätzung statt. [Sne18]

2.3.3 Object-Points

Die Methode mit Object-Points kam im Zuge der Objektorientierung auf. Objekte besitzen Funktionen, Attribute und Beziehungen zu anderen Objekten. Hierbei stellt sich vor allem die Frage, wie man mit der Wiederverwendbarkeit von Objekten umgeht. An dieser Stellen können wiederverwendete Klassen mit einem Prozentanteil gezählt werden. [Sne18]

2.3.4 Use-Case-Points

Der Ausgangspunkt sind Use-Case-Diagramme, weil sie die Grundlage für diese Schätzmethode sind. Die Use-Case-Point Methode erfolgt in fünf Schritten. Im ersten Schritt werden die Systemakteure klassifiziert. Anschließend werden die einzelnen Anwendungsfälle gewichtet. In Schritt drei und vier findet eine Justierung nach produkt- bzw. projektbezogenen Einflussfaktoren statt. Der letzte Schritt umfasst die Umrechnung in Personentage. Diese Schätzmethode wird in vielen deutschen Unternehmen wie beispielsweise SAP eingesetzt. [Sne18]

2.3.5 Story-Points

Die Aufwandsschätzung mit Story-Points kommt aus dem agilen Softwareentwicklung. Bei dieser Methode schildert ein Anwender bzw. ein Akteur in Form einer User Story, was in einer bestimmten Situation passieren soll. Ein Story-Point beschreibt die relative Produktivität des Teams. Das Team ermittelt den Aufwand für einen Story-Point aus Erfahrungen. [Sne18]

2.4 SCHÄTZMETHODE UND PROJEKTTYP

Es gibt für jeden Projekttyp geeignete Schätzmethoden. Für ein agiles Entwicklungsprojekt bzw. ein Prototyp-Projekt ist eine Analogie zu ähnlichen Projekten sinnvoll. Hierfür sind Story-Points geeignet, um dem Umfang der Arbeit abzuschätzen. Außerdem ist es sinnvoll die Schätzung mithilfe der Story-Points nach jeder Iteration zu wiederholen.

Bei der Schätzung von klassischen Entwicklungsprojekten eignen sich Use-Case-Point-, Function-Point- und Data-Point-Methoden. Die Methode hängt von den Dokumenten ab, welche vor Projektbeginn zur Verfügung stehen. Bei Weiterentwicklungsprojekten empfehlen sich Anweisungen, Object-Points und Use-Case-Points zur Schätzung, da bereits Entwicklungsdokumente und Code zur Verfügung stehen. Für Wartungsprojekte und Sanierungsprojekten sind Codezeilen, Anweisungen und Object-Points geeignet, da der vorhandene Code gemessen werden kann. Bei Migrationsprojekten und Integrationsprojekten bieten sich Object-Points und Data-Points an, wobei für die Messung des Code Object-Points und für die Messung der migrierten Daten Data-Points verwendet werden. Als letzten Projekttyp gibt es noch die Installationsprojekte. Für diese Projekte eignen sich Use-Case-Points sowie Data-Points. Mit den Use-Case-Points können die Vorgänge der Installation geschätzt werden. Die Data-Points werden für die Schätzung der Erstellung des Datenmodells benötigt.

Es ist festzuhalten, dass immer mehrere Schätzmethoden parallel verwendet werden sollten, da es nicht nur eine richtige Schätzmethode für ein Projekt gibt. [Sne18]

ANALYSE

In diesem Abschnitt wird der Einsatz von Schätzmethoden für Data Science Projekte hinsichtlich des Cross Industry Standard Process for Data Mining (CRISP-DM) Modells analysiert. Der CRISP-DM Standard stellt den Prozessablauf eines typischen Data Science Projekts dar, deshalb wurde dieser Standard in dieser Arbeit ausgewählt.

3.1 CRISP-DM

Das Cross Industry Standard Process for Data Mining Standardmodell (siehe Abbildung 3.1) beinhaltet sechs Prozessphasen, die mehrfach durchlaufen werden können. Die sechs Prozessphase sind:

- Geschäftsverständnis (engl. Business Understanding)

- Datenverständnis (engl. Data Understanding)

- Datenvorbereitung (engl. Data Preparation)

- Modellierung (engl. Modeling)

- Evaluierung (engl. Evaluation)

- Bereitstellung (engl. Deployment)

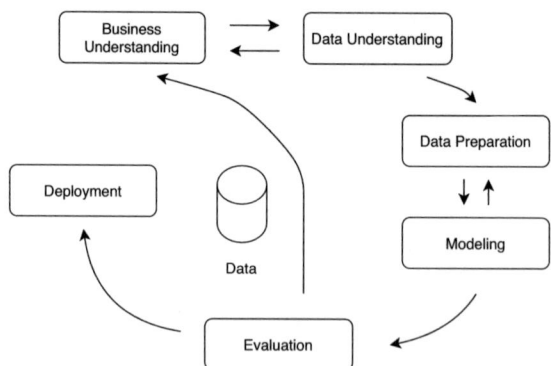

Abbildung 3.1: CRISP-DM (in Anlehnung an [WH00])

Beim Business Understanding geht es darum die konkreten Anforderungen und Ziele festzulegen. Als Ergebnis dieser Phase liegt eine grobe Vorgehensweise vor. In der Data Understanding Phase verschafft man sich einen Überblick über die Daten und dessen Qualität. Data Preparation beinhaltet die Erstellung eines Datensatzes, welcher für die weiteren Phasen verwendet wird. In dieser Phase ist es wichtig, dass die Daten aufbereitet und bereinigt werden. In der Modeling Phase werden schließlich mehrere Modelle basierend auf den Anforderungen erstellt. Die Evaluation Phase ist zur Bewertung der Modelle dar. Das Modell, das die Aufgabenstellung basierend auf den Anforderungen am besten abbildet, wird schließlich ausgewählt. Die letzte Phase ist die Deployment Phase, in der die Ergebnisse aufbereitet werden, um sie dem Auftraggeber zu präsentieren. [May20]

3.2 SCHÄTZEN IN DATA SCIENCE PROJEKTEN

Im Folgenden wird ein typisches Data Science Projekt anhand des CRISP-DM Standards analysiert. In diesem Zusammenhang werden mögliche Einsatzmöglichkeiten der vorgestellten Schätzmethoden herausgestellt.

Die Erwartungen und das Verständnis während Data Science Projekten passen nicht immer mit der Realität zusammen, da der Aufwand während der einzelnen Entwicklungsphasen oft falsch eingeschätzt wird [Hei19]. Viele Unternehmen wissen oft nicht, wie sie Methoden des Machine Learnings einsetzen sollen. Aus diesem Grund sollte vor einem Data Science Projekt eine Potenzialanalyse durchgeführt werden. In dieser Analyse werden zusammen mit dem Kunden Einsatzbereiche für Machine Learning untersucht. Außerdem werden dem Kunden konkrete Einsatzszenarien vorgestellt. Wenn mögliche Einsatzbereiche identifiziert sind, ist ein Proof-of-Concept Projekt sinnvoll. Ein Prototyp-Projekt hat das Ziel die Möglichkeiten und Vorteile von Machine Learning zu veranschaulichen und die Fragestellung zu validieren. Bei der Aufwandsschätzung eines Prototyp-Projekts empfiehlt sich die Schätzung auf Basis von Erfahrungen zu machen. In diesem Kontext könnte der Auftragsnehmer eine fixe Anzahl an Personentagen für die Schätzung verwenden.

Nach dem Proof-of-Concept kann ein Entwicklungsprojekt mit dem Kunden abgeschlossen werden. Durch den Proof-of-Concept können die Erwartungen und die möglichen Projektziele des Kunden validiert werden. Außerdem sinkt das Projektrisiko und die Aufwandsschätzung ist gezielter möglich.

Der erste Prozessschritt im CRISP-DM Standard ist Business Understanding. Dieser Schritt bildet die Grundlage für die weiteren Prozessschritte. Das Ziel des Business Understanding ist eine konkrete Fragestellung sowie ein Projektziel herauszuarbeiten. In diesem Zusammenhang muss ein Anwendungsfall (engl. Use case) definiert und klare Abnahmekriterien für die Evaluierung beschlossen werden. Der Aufwand dieses Prozessschritts wird basierend auf den Erfahrungen des Prototyp-Projekts geschätzt. Für die Prozessschritte Data Understanding und Data Preparation sollte auch auf Erfahrungswerte zurückgegriffen werden. Im Modeling eignen sich Story Points sehr gut, da das Team in diesem Fall gemeinsam entscheiden muss. Die Entwicklung eines Deep Learning Algorithmus ist eine komplexe Aufgabe, deshalb sollte das Team beispielsweise mit Planning Poker eine Aufwandsschätzung durchführen. In der Deployment Phase wird das Data Science Projekt zu einem Softwareentwicklungsprojekt. An dieser Stelle bieten sich je nach Art des Projekts verschiedene Schätzmethoden an. Für eine Integration in eine bestehende Anwendungslandschaft oder ein Weiterentwicklungsprojekt bieten sich Object-Points, Data-Points oder Use-Case-Points an. Im Weiteren könnte der Aufwand auch in Personentagen geschätzt werden, wenn das Entwicklungsteam bereits Erfahrungen hat (Bsp.: ETL-Pipelines, Aufsetzen von Datenbanken) [Lau20]. Bei der Entwicklung eines neuen Produkts sollte der Aufwand in Story-Points geschätzt werden.

In der Praxis ist ein Proof-of-Concept vor einem Entwicklungsprojekt nicht immer notwendig. Bei der Potentialanalyse mit dem Kunden kann sich auch herausstellen, dass die möglichen Use Cases mit dem Einsatz von simplen regel- oder schwellwertbasierter Verfahren zu realisieren sind. In diesem Zusammenhang würden möglicherweise BI-Dashboards ausreichen. Die Aufwandsschätzung konzentriert sich in diesem Kontext auf die Prozessschritte Business Understanding, Data Understanding und Data Preparation. Hierbei sollte auf Erfahrungswerte bei der Schätzung zurückgegriffen werden. Im Weiteren könnte die Schätzung mit Story Points erfolgen, wobei die Schätzung aller User Stories vor Projektbeginn nicht vollständig vorliegen können. Während des Projekts sollte die Schätzung der User Stories nach jeder Iteration neu validiert werden. Anschließend können die regel- oder schwellwertbasierten Verfahren entwickelt werden. Dieser Entwicklungsprozess kann man in die Prozessschritte Modeling und Evaluation einordnen, wobei in dieser Zusammenhang nicht direkt ein Modell entwickelt wird. Der Prozessschritt Deployment beinhaltet schließlich die Visualisierungen in BI-Dashboards. Die letzten drei Prozessschritte aus dem CRISP-DM Standard lassen sich wie ein IT-Projekt schätzen. In agilen Projekte verwendet man Story Points, um den Aufwand zu schätzen.

Die Analyse hat gezeigt, dass die Schätzmethoden aus der IT auch in Data Science Projekten gezielt eingesetzt werden können. Ein zentraler Schritt vor einem Data Science Projekt ist die Potenzialanalyse, da sie mögliche Einsatzzwecke eingrenzt. Nach der Potenzialanalyse muss entschieden werden, ob ein Proof-of-Concept sinnvoll ist oder eine Datenverständnis ausreicht. Anschließend kann das Entwicklungsprojekt gezielter geschätzt werden.

4

DISKUSSION

In diesem Abschnitt wird die These „Die Aufwandsabschätzung in einem Data Science Projekt unterscheidet sich nicht von einem klassischen IT-Projekt." diskutiert. Die Pro- und Contra Argumente basieren auf meinen Erfahrungen aus bisherigen Software- bzw. Datenanalyse-Projekten. In diesem Zusammenhang wird sich auf agiles Projektmanagement beschränkt.

Zunächst werden die Argumente, welche für die These sprechen vorgestellt. In der Praxis finden oft Workshops mit Kunden statt, um mögliche Einsatzzwecke für Machine Learning oder auch Deep Learning zu evaluieren. In diesem Kontext werden zusammen mit dem Kunden mögliche Use Cases herausgearbeitet und datentechnische Aspekte abgeklärt. In diesem Zusammenhang stellt sich oft heraus, dass nicht immer komplexe Machine Learning oder Deep Learning Verfahren zur Erschaffung eines Mehrwerts notwendig sind. Möglichen Data-Science Projekte unterscheiden sich in diesem Kontext hinsichtlich der Aufwandsschätzung nur bedingt von IT-Projekten.

Des Weiteren gibt es Data Science Projekte, bei denen die Datenvisualisierung im Vordergrund steht. Aus eigener Projekterfahrung hat sich gezeigt, dass solche Projekte sinnvoll mit User Stories zu schätzen sind. Die Aufgabe des Projekts war die Erweiterung eines Web-Tools zur Klimadaten-Analyse. Hierbei lag der Fokus auf Visualisierungen und Analyseoperatoren. Solche Projekte unterscheiden sich bei Schätzung nicht von IT-Projekten, da der Arbeitsaufwand schon vor dem Projektbeginn sinnvoll eingegrenzt werden kann. Außerdem war dieses Projekt ein Festpreis-Projekt, deshalb war die Aufwandsschätzung von zentraler Bedeutung. Für die Aufwandsschätzung wurde die aktuelle Version des Web-Tools vom Kunden zur Verfügung gestellt. Die Ausschreibung beinhaltete eine Leistungsbeschreibung mit Arbeitspaketen. Die ersten drei Arbeitspakete konnten mit der aktuellen Codebasis mithilfe von Erfahrungswerten zielgerichtet geschätzt werden. Das Arbeitspaket vier hingegen konnte nur mit einem Risiko geschätzt werden, da die Codebasis erst zu Projektbeginn zur Verfügung gestellt werden konnte. Das Arbeitspaket vier wurde schließlich ähnlich wie Arbeitspaket drei geschätzt, da beide Arbeitspakete ähnliche Aufgaben beinhalteten. Des Weiteren wurde ein Puffer eingeplant, um auf mögliche Herausforderungen reagieren zu können. Während des Projekts hat sich dann gezeigt, dass die Umsetzung von Arbeitspaket vier länger dauert als erwartet. In einem Meeting mit dem Kunden wurden diese Herausforderungen kommuniziert und es wurde beschlossen, dass die Projektabnahme verschoben wird. Im Ergebnis wurde das Projekt erfolgreich abgeschlossen und der Kunde war sehr zufrieden. Im Weiteren spricht für die These, dass Teilprojekte wie beispielsweise die Integration eines vorhandenen ML-Modells in eine bestehende Anwendungslandschaft durchaus wie ein IT-Projekt geschätzt werden kann.

Ein Contra-Argument ist, dass der Aufwand für die einzelnen Entwicklungsschritte oft falsch eingeschätzt wird. In vielen Bereichen der Industrie spielt die Akzeptanz eine zentrale Rolle, deshalb sind Data Science Projekte bereits in der Akquise teurer als klassische IT-Projekte. Die einzelnen Fachbereiche müssen nämlich erst von dem Vorhaben überzeugt werden. Außerdem gibt es bei Data Science Projekten oft keine Garantie, ob das Projekt erfolgreich wird. Diese Erkenntnis hat man erst, wenn man ein Minimum an Feature Engineering und Data Cleansing durchgeführt hat. In diesem Kontext ist ein Proof-of-Concept Projekt sinnvoll, um mögliche Fallstricke zu erkennen. Des Weiteren wird man in der Praxis oft gefragt, wie lange das Entwickeln eines Modells für einen bestimmten Anwendungsfall dauert. In diesem Kontext ist anzuführen, dass einige Projektmanager, die keinen Data Science Hintergrund haben, sofort eine Abschätzung des Aufwands haben möchten. Eine solche Aufwandsschätzung ist allerdings nicht einfach, da die Entwicklung eines komplexen Modells viel Zeit in Anspruch nehmen kann. Aus diesem Grund sollten mögliche Abnahmekriterien definiert werden. Des Weiteren sollten die konkreten Rahmenbedingungen geklärt werden.

Abschließend ist festzuhalten, dass der Aufwand für komplexe Data Science Projekte schwer abzuschätzen ist, deshalb sollte zunächst ein Proof-of-Concept gemacht werden. Im Weiteren spielen Erfahrungswerte eine zentrale Rolle, um ein Data Science Projekt erfolgreich zu gestalten. Das „Cone of Uncertainty" ist also unvermeidlich.

5

ZUSAMMENFASSUNG

Jeder Projekttyp im Data Science oder IT-Umfeld erfordert eine eigene Schätzung hinsichtlich des Aufwands. Der Aufwand hängt von der Größe, Komplexität und von Qualität des Produkts ab. Die Analyse hat gezeigt, dass für einige Data Science Projekte ein Proof-of-Concept sinnvoll ist, um mögliche Fallstricke zu identifizieren. Des Weiteren sollte eine Potentialanalyse vor Projektbeginn durchgeführt werden. Diese Potentialanalyse dient dazu, dass alle Beteiligten ein einheitliches Verständnis haben. Als Ergebnis der Diskussion ist anzuführen, dass komplexe Data Science Projekte schwer zu schätzen sind. Des Weiteren gibt es aber auch Data Science Projekte, die man wie agile Softwareprojekte schätzen kann. Außerdem spielen bei Data Science Projekten Erfahrungswerte eine zentrale Rolle, da es viele Fallstricke gibt.

Insgesamt ist festzuhalten, dass unterschiedliche Methoden zu einer Aufwandsstreuung führen, deshalb ist es sinnvoll mehrere Methoden für die Aufwandsschätzung zu verwenden.

LITERATUR

[Hei19]   Björn Heinen. *6 Gründe für das Scheitern von Data Science- Projekten*. (Zugegriffen am 08.01.2021). 16. Sep. 2019. URL: https://www.inform-software.de/blog/post/6-gruende-fuer-das-scheitern-von-data-science-projekten.

[Lau20]   Christian Lauer. *Why you should use User Stories in Data Analytics*. (Zugegriffen am 08.01.2021). 31. Dez. 2020. URL: https://towardsdatascience.com/why-you-should-use-user-stories-in-data-analytics-bfe693275364.

[May20]   Franziska Mayer. *Wie man Data Science Projekte meistert*. (Zugegriffen am 08.01.2021). 19. Nov. 2020. URL: https://www.westphalia-datalab.com/wie-man-data-science-projekte-meistert/.

[Sne18]   Harry Sneed. "Aufwandsschätzung in IT-Projekten: Vorgehensmodelle, Managementinstrumente, Good Practices". In: Juli 2018, S. 289–331. ISBN: 978-3-446-44602-1. DOI: 10.3139/9783446453852.009.

[WH00]   Rüdiger Wirth und Jochen Hipp. "CRISP-DM: Towards a standard process model for data mining". In: *Proceedings of the 4th international conference on the practical applications of knowledge discovery and data mining*. Springer-Verlag London, UK. 2000, S. 29–39.